# EL
# a
# b
# C
## DE LA EDUCACIÓN
## CRISTIANA

DANIEL ANDRÉS RIVERA ROSADO

**EL ABC DE LA EDUCACIÓN CRISTIANA | 2023**
Daniel Andrés Rivera Rosado
riverarosado.d@gmail.com
Publicado por Prediquemos Inc.

Edición: Dr. Pablo Jiménez y Gloria Santiago
Portada y Diseño: Alberto Rodríguez

**ISBN: 979-8-9867726-4-6**

# ÍNDICE

# PRÓLOGO

¿Cuán importante es la formación espiritual en la Iglesia? De acuerdo al mensaje de Nuevo Testamento, el discipulado y la formación espiritual están en el centro de la experiencia de fe cristiana. Quienes tienen un encuentro transformador con Cristo entran en un proceso de seguimiento y discipulado, tomando a Jesús como el modelo a seguir (Ef 4). La persona que confiesa ser discípula de Jesucristo debe desarrollar una relación con Dios cada vez más profunda. Dicho de otro modo, el discipulado es un proceso de crecimiento espiritual continúo, un proceso que nunca termina. No importa el tiempo que llevemos en la fe, siempre hay espacio para crecer, aprendiendo cada vez más del Dios eterno e insondable.

La inmensa mayoría del liderazgo religioso cristiano estaría de acuerdo con las expresiones hechas en el párrafo anterior. En términos teóricos, toda el la iglesia afirma la centralidad del discipulado y de la formación espiritual. El problema es que nuestra práctica pastoral pocas veces concuerda con esa perspectiva teológica de la formación espiritual.

Me atrevo a hacer esta afirmación en base a mi experiencia como líder y educador cristiano. Muchas congregaciones no ofrecen cursos para candidatos al bautismo ni para nuevos miembros. Una y otra vez veo como nuevos creyentes no son discipulados y, por lo tanto, no aprenden a practicar las disciplinas espirituales que conducen al crecimiento en la fe. En lugar de clases especializadas para nuevos creyentes, la iglesia les indica que deben asistir a la escuela bíblica regular. De este modo, una persona que nunca ha leído la Biblia y que apenas comienza en la fe, debe sentarse al lado de creyentes experimentados que llevan décadas en la iglesia. Después de unas cuantas semanas, los nuevos creyentes dejan de asistir a la escuela bíblica dominical por una razón muy sencilla: no entienden el material de estudio. En el mejor de los casos, continúan asistiendo al servicio de adoración dominical de la iglesia local, dependiendo solo del sermón para alimentarse espiritualmente. En el peor de los casos, nunca vuelven a la iglesia.

Otra expresión del desfase entre nuestra teoría y nuestra práctica de la formación espiritual es la carencia de materiales educativos escritos específicamente para la iglesia local en lenguaje accesible a toda la feligresía. La inmensa mayoría de las iglesias que conozco no producen sus propios recursos educativos. Dependen de publicaciones hechas por otras organizaciones para formar espiritualmente a su feligresía. De este modo, una iglesia Bautista o Presbiteriana utiliza material educativo wesleyano y o pentecostal. Aunque los puntos básicos de nuestra fe son los mismos, no podemos negar que hay énfasis teológicos particulares a cada movimiento protestante. Cuando el contenido del material educativo contradice o choca con el contenido de la predicación dominical, reina la confusión en la mente y el corazón de la feligresía.

Queda claro que las iglesias hispanoamericanas necesitan recursos educativos accesibles a la feligresía. Al decir "accesible", me refiero a tres elementos: el lenguaje, el contenido y el costo. Necesitamos materiales cuyo lenguaje sea fácil de entender, que están disponibles tanto en formatos impresos como digitales y que pueda ser adquiridos a un costo razonable. Los mejores materiales educativos para la iglesia se distinguen por estas tres características.

El ABC de la educación cristiana es un excelente volumen de el discipulado y la formación espiritual que goza de las tres virtudes enumeradas arriba y que, por lo tanto, responde a las necesidades educativas de nuestras congregaciones, institutos y denominaciones protestantes. Son muchas las virtudes de este libro. En primer lugar, es breve, ofreciendo una gran cantidad de información en sus pocas páginas. Segundo, la información contenida en el escrito está al día, pues toma en cuenta aportes recientes a la disciplina. Tercero, la organización del material en forma de preguntas facilita la búsqueda de respuestas a nuestras dudas. Cuarto, el autor ha escrito este volumen con claridad y concisión, definiendo todos los términos técnicos, para que el liderazgo laico pueda comprenderlo debidamente. Quinto, el libro está disponible tanto en formatos digitales como impresos, lo que facilita su distribución. Sexto y último, el precio del libro es accesible, de manera que cualquier estudiante de instituto o colegio bíblico puede adquirirlo. Del mismo modo, las iglesias locales pueden comprar varias copias para repartir a sus maestras y maestros de escuela bíblica dominical, ya sea para la lectura personal o para usar este libro como texto base de talleres de capacitación.

Este es el segundo libro de Daniel Andrés Rivera Rosado, ministro ordenado de la Iglesia Cristiana (Discípulos de Cristo) en Puerto Rico. En este libro, Rivera muestra su pasión por la formación espiritual y por el trabajo ministerial. Doy gracias a Dios por Daniel, a quien me une una grana amistad, dado que tuve la bendición de verlo dar sus primeros pasos en el ministerio cristiano.

En fin, afirmamos que El ABC de la educación cristiana es un libro excelente y lo recomiendo sin reservas. Felicitamos a su autor y damos gracias a Dios por este gran aporte a la formación espiritual de las comunidades cristianas en el mundo de habla hispana.

En Cristo,

**Pablo A Jiménez**
Director, Red Educativa Genesaret

# INTRODUCCIÓN

La educación cristiana se discute constantemente en todos los altares, retiros, reuniones, planificación, sermones, canciones y hasta con la niñez. ¿Por qué? Porque el ejercicio educativo es lo central para cumplir la misión de la Iglesia. Cada vez que hacemos una actividad y promovemos la participación de un nuevo miembro de la iglesia, ahí hay educación cristiana. Cada vez que alguien llega con dudas y preguntas, y siente que puede llegar a discutirlas con las personas de la Iglesia, ahí hay educación cristiana. Cada vez que vemos cómo los tiempos cambian, pero los enfrentamos con esperanza, ahí hay educación cristiana. La educación crea cuatro espacios puntuales: primero, la oportunidad de provocar cambios, segundo, espacio para desarrollar la capacidad de las personas; tercero, espacios de servicio; y cuarto, espacios de acompañamiento.

La educación cristiana es la fuerza espiritual que forma, instruye, lidera y afirma. Por lo tanto, primero queremos señalar que el ABC de la Educación Cristiana tiene como objetivo servir de guía y reflexión para el ejercicio educativo. En segundo lugar, el ABC de la Educación Cristiana busca provocar la crítica constructiva para que los ministerios educativos se fortalezcan, renueven y transformen hacia nuevas alternativas. Finalmente, el ABC de la Educación Cristiana tiene como objetivo contestar preguntas sencillas que nos lleven a experiencias nuevas, de amor y gracia para bendecir a las demás personas.

Como autor, estoy sumamente agradecido del Dr. Pablo Jiménez, por la convocatoria para aportar lo que Dios me ha dado para el desarrollo de la misión de la Iglesia y el ministerio educativo. Espero que El ABC de la Educación Cristiana sea de bendición para los lectores, sus ministerios y formación. Que les sirva de guía por los caminos que Dios les lleve.

**Daniel Andrés Rivera Rosado**
Guaynabo, Puerto Rico. 2023

# ¿QUÉ ES LA EDUCACIÓN?

La educación es una práctica que busca guiar al ser humano hacia un constante desarrollo de metas, aprendizajes, comportamientos y conocimientos. El significado de la palabra "educación" proviene del latín educare que significa "criar", "guiar", "liderar hacia delante", y "salir de". La acción principal de la educación es el proceso de desarrollar el potencial "holístico" (es decir, espiritual, social, emocional y racional) de toda persona. Por medio de la práctica educativa se consideran diversas influencias que promueven ministerios efectivos e impactantes. La primera es la familia, donde la mayoría de las personas reciben una educación básica y aprenden a conocer su cultura. La segunda, que se puede ver como el espacio más tradicional, es la escuela. Su influencia se entiende como el lugar para recibir las lecciones básicas sobre cómo comportarse, vivir en comunidad y actuar en conformidad con ciertos acuerdos sociales. Otras influencias son las instituciones sociales tales como el gobierno, la iglesia, y los lugares de trabajo, entre otros.

La educación se presenta a sí misma como una combinación de procesos que guían hacia experiencias formativas y transformativas. Estas van de lo viejo a lo nuevo, de lo ordinario a lo extraordinario. Como proceso formativo, la educación responde a varios reclamos generacionales; pedagogía (educación de la niñez) y andragogía (educación de las personas adultas). Estas dos categorías generacionales asimilan la intervención educativa para sus procesos de vida, la transformación personal y la social.

El proceso educativo tiene una intervención directa en los procesos sociales, desde su inicio para discusión y reflexión, hasta su solución, en busca del bien común. Esto el origen de la frase del educador Paulo Freire, afirma que la educación es un proceso liberador. ¿Por qué? Porque transforma los contextos para afirmar valores que sostengan la igualdad frente a situaciones difíciles.

Dentro de las funciones de la educación, encontramos en primer lugar, su propósito directivo, para guiar a las personas en sus diversas etapas de vida para su desarrollo. En segundo lugar, la educación contiene una función de liderazgo, donde el empoderamiento mediante el aprendizaje y el conocimiento, pueden cambiar diversos panoramas y hasta solucionar varios problemas. En tercer lugar, la educación en su esencia, provee una función transformativa para la vida del ser humano. Esta consiste en tomar cualquier dilema para sugerir un proceso de dar nuevos significados, experiencias y soluciones para diversos eventos. En cuarto lugar, la educación tiene la función de liberar, para que las personas, tanto en contextos minoritarios, como en los contextos de privilegio-- puedan aprovechar la capacidad liberadora para crear justicia desde su realidad, llegando así a la equidad. Finalmente, una quinta función que nos compete directamente para el propósito de este libro es la espiritual. Es aquí donde la práctica educativa propone formar nuestra vida para alcanzar el llamado de Dios y el carácter de Cristo. Además, para alcanzar la paz integral ante los conflictos, desarrollar una espiritualidad profunda y un discipulado comunitario. Proponernos ser sus discípulos y ser tolerantes ante la diversidad.

En fin, la educación es una práctica que busca guiar hacia la unidad de propósito basándose en las capacidades de todo género humano. Mediante la reflexión educativa se pueden crear nuevos proyectos, caminos y metas que posibiliten hacer una diferencia en nuestra realidad.

# ¿QUÉ ES EL APRENDIZAJE Y LA ENSEÑANZA?

El aprendizaje es una combinación de eventos y cambios generados por el desarrollo de nuevas habilidades, experiencias y comportamientos. En primer lugar, dentro del aprendizaje se conecta el qué, donde se ve que el comportamiento de la persona en desarrollo es el objetivo de la experiencia. La experiencia de desarrollar el comportamiento dentro del aprendizaje es lo que ayuda al ser humano a desarrollar cinco aspectos claves; identidad, emociones, intereses, cambios y metas. En segundo lugar, está el cómo que se enfoca en las formas y métodos que se utilizan para que las personas puedan aprender. Nos referimos a métodos como el descubrimiento, la socialización, la lectura, los ejercicios de pensamiento crítico, y los trabajos en grupo, entre otros. Finalmente, el porqué en el aprendizaje se enfoca en clarificar qué hace quien aprende; es decir, el alcance, la aplicación y la utilidad que le da al conocimiento. El proceso del aprendizaje debe ser lo suficientemente creativo y flexible como para brindar espacio para la tecnología, la integración generacional, y los estilos de cada cual, y proveyendo así diversos elementos para entender el material.

La enseñanza es el diseño de estrategias específicas para sustentar el proceso del aprendizaje. El evento de la enseñanza se ve por todas las áreas de la vida, desde buscar el último significado de la vida hasta cómo pasarla bien con la familia. Por tal razón, enseñar es un arte en constante transformación, pues su ejercicio y sujeto, los seres humanos, están en constante cambio. El enfoque de la enseñanza debe ser hacia la humanización, la comprensión, la empatía, la transformación y la motivación. Los primeros tres enfoques establecen la importancia de hacer de la enseñanza un proceso humanizante. Que se se comprendan las emociones, particularidades y contextos de cada estudiante, desde una óptica liberadora de quien enseña. A su vez, los otros dos enfoques buscan mantener el proceso educativo como uno activo y pertinente a la vida del estudiantado.

El reto de la enseñanza está en crear nuevas oportunidades, formas y estilos para capturar la atención. La enseñanza es constituida por el rol de la maestra o maestro, con el fin de facilitar el proceso de aprendizaje, motivar al estudiantado y guiarle en sus necesidades. El rol de los docentes es de vital importancia para la sensibilización de las nuevas generaciones, el trabajo colaborativo entre pares, y el fomento del dinamismo desde los escenarios educativos. La enseñanza cristiana propone una perspectiva aún mayor en la transformación, pues su enseñanza busca impactar lo interno para hacer que lo externo tenga sentido eterno. La relación directa entre el evangelio y la enseñanza impacta la transformación intencional, en todas sus dimensiones. Algunos de estos son: los objetivos nuevos para reconocer que somos hijos e hijas de Dios; el diseño de un currículo diferente para desarrollar nuestros dones y talentos para el servicio del Reino; los criterios flexibles para afirmar, desde la gracia, las oportunidades para mejorar; la instrucción progresiva que se aplica a toda etapa de desarrollo; y una evaluación o "assessment" que pueda ser pertinente a la vida. Desde la educación cristiana, el aprendizaje es la posibilidad del evangelio y la enseñanza es vivir el evangelio.

# ¿QUÉ ES LA EDUCACIÓN CRISTIANA?

En diversas partes del mundo, todas las instituciones tienen una forma de educar con una visión y misión. Las empresas para la venta de productos, la educación K-12 y superior para formar futuros profesionales, la familia para sostener la sociedad y los gobiernos intentan educar para la justiciar de todos y todas. En este aspecto educativo hacia la visión y misión, la iglesia no es la excepción. La educación cristiana es el ejercicio de formación para la misión de Dios. Es el proceso educativo lo que anima consistentemente la idea de servir a Dios en un proyecto intencional de transformación de la persona y la forma de ser iglesia.

La educación cristiana responde a la ordenanza de Mateo 28:19 de "hacer discípulos". El desarrollo educativo desde la fe en Jesús está define directamente lo "cristiano" de la educación. El proceso de la educación cristiana contempla proponer un entendido práctico sobre la fe cristiana. Esto es, para que los aspectos fundamentales en términos teológicos y bíblicos, no se limiten a un espacio teórico, sino que puedan tener lugar en el diario vivir. Es desde aquí que se han desarrollado históricamente formas educativas de la educación cristiana. Primero, el catecismo, lo que es una forma de instrucción formal para proveer el conocimiento básico en la vida espiritual. Segundo, la exhortación, aquí el proceso educativo tiene una implicación de motivación, liderazgo, proclamación y denuncia frente a las realidades que rodean nuestro mundo. Tercero, mentoría, en donde el proceso de grupos pequeños e intervenciones individuales, buscan formar el carácter de las personas.

La filosofía de la educación cristiana busca transformar los conceptos éticos, de comportamiento, valores, sociales y culturales desde la óptica de Jesús. El propósito de establecer una filosofía educativa dentro del ministerio de la educación cristiana es ampliar la visión de la realidad. Se trata de definir la manera en que procesamos el conocimiento, cómo definimos nuestras creencias y valores. Que aprendamos cuáles son los métodos para manejar lo esencial en la vida.

Que podamos interpretar la transformación de nuestra conducta y construir entre todos la fe que profesamos.

Otras de las bases de la educación cristiana son los fundamentos que tienen que ver con la persona y su entorno. Esta debe integrar un conocimiento amplio y diverso. También recomendamos repensar la relación entre maestro y estudiante para que se transforme en una relación que facilite ser agentes de cambio. De estos aspectos integrales, se desprenden otros fundamentos para el ejercicio educativo. En primer lugar, la educación cristiana propone manejar el proceso de identidad personal en Cristo como el propósito transformador. En segundo lugar, se presenta el proceso de formación comunitaria, donde la iglesia se concentra en el quehacer educativo para todas las generaciones. En tercer lugar, exponemos que la responsabilidad teológica y espiritual es donde se organiza la experiencia de creer en Jesús como dirección de vida. Finalmente, la esencia del proceso educativo de seguir a Jesús y transformar nuestra vida, desde la educación cristiana, tiene que ver con servir a las demás personas. El propósito es que se acerquen a Dios y su misión.

# ¿CUÁLES SON LOS OBJETIVOS DE LA EDUCACIÓN CRISTIANA?

El fin educativo cristiano tiene que ver con acercarse diariamente al cumplimiento de la misión de Dios y el servicio a las demás personas. Dentro de esa experiencia educativa se deben cumplir unos objetivos principales para el desarrollo del liderazgo cristiano de toda persona. En primer lugar, la educación cristiana debe conectarnos con Dios. La experiencia de formar a alguien por medio del contenido, no se limita al ejercicio de saber, sino de aprender para crecer. El crecimiento de toda persona que ha tenido un encuentro con Dios se da en el testimonio, el compromiso y su espiritualidad. Cada maestro y maestra de educación cristiana debe sentir la responsabilidad que la experiencia educativa le provee como líder; no es una leve provocación religiosa o congregacional. La responsabilidad divina de todo educador es conectar a las criaturas con su creador. Es por esto por lo que la exigencia educativa es profunda. Porque el ejercicio educativo tiene que cubrir todas las áreas (sociales, emocionales, psicológicas, espirituales) tal y como Dios hace con su presencia todos los días.

Un segundo objetivo de la educación cristiana es proveer sentido entre el contenido espiritual y la vida cotidiana. En muchas ocasiones, líderes educativos con buenas intensiones, confunden educar con predicar. Esta confusión ha creado una distancia enorme entre el testimonio bíblico, la inteligencia teológica y la práctica del Reino de Dios en la vida de la humanidad. Proveer una aplicación a la clase captura la atención de cualquier niña, joven o adulto, establece un momento de reflexión. La aspiración central de la aplicación es crear una convicción profunda de que lo que Dios hace en el espíritu también lo hace en nuestro entorno.

Un tercer objetivo es la formación espiritual. Es el proceso de armonizar nuestra experiencia de aprendizaje con nuestra vida diaria. Esta fase es sencillamente buscar capacitarse para vivir la fe y compartirla con las demás personas. La formación espiritual contiene un acercamiento integral que impacta no solo al individuo sino a toda la comunidad. Es por esto por lo que la acción de la educación cristiana es desarrollar una experiencia formativa que despierte una conciencia espiritual en todas las generaciones.

Finalmente, un cuarto objetivo de la educación cristiana es el desarrollo ministerial. Desde la iglesia se debe fomentar la participación de toda persona en la congregación para caminar juntos hacia la misión. Es este proceso de desarrollo el que sirve para crear ministerios de servicio, adoración y liturgia, ministerios generacionales, evangelismo, misiones, etc. Procesar todos estos objetivos permite que la educación cristiana se centre en las inteligencias que posee el ser humano, las explore y las aplique en el contexto de la iglesia y fuera de las misma.

# ¿QUÉ ES EL DISCIPULADO Y LA FORMACIÓN ESPIRITUAL?

El desarrollo de la educación cristiana tiene un impacto profundo en la vida del ser humano. El proceso educativo es continuo, no es solamente temporal o terminal. Este proceso continuo es llamado discipulado. En diversas dinámicas, el discipulado es una clase para nuevos creyentes o para dar continuidad a diversos temas de la fe. Es importante en este tiempo comenzar a cambiar la definición de discipulado como clase y establecerlo como el proceso de aprendizaje de vida cristiana. El discipulado tiene como fundamento la enseñanza central del evangelio de Jesús, su modelaje como aprendizaje, y su cruz como motivación. La motivación es un factor importante en el proceso del discipulado, pues brindar ánimo, visión e incluir las personas al proyecto es vital para el desarrollo de la obra. De otra forma, el discipulado cristiano pretende impactar y contextualizar la buena noticia en cada etapa de vida. La intención del discipulado es proponer un desarrollo tanto personal como espiritual. Queremos promover un cambio en quienes acompañamos a la luz del evangelio de Jesús. En términos educativos, el discipulado es un estado, saludablemente dual, entre estudiante y facilitador del evangelio.

La formación espiritual es el concepto que define la responsabilidad dual entre ser discípulos, estudiantes y facilitadores. Esto es la experiencia que se vive entre el aprender y desaprender en la presencia de Dios para cumplir su misión. La formación espiritual es el proceso de asimilar el carácter de Cristo en nuestra vida, como camino-verdad-vida. Esta formación tiene implicaciones directas en nuestras acciones para reconocer que su verdad nos hace libres. Ante todo, es la formación espiritual la que formula la integración de aspectos claves en la vida como el liderazgo, la mayordomía, los talentos, los dones y el tiempo, para dar testimonio de nuestra fe en lo cotidiano. La formación espiritual debe enfocarse en desarrollar el amor hacia Dios, una nueva identidad, promover la creatividad, definir metas y valorar la vida. El discipulado y la formación espiritual son estados de aprendizaje y experiencias formativas que traen el contenido bíblico y el evento de la fe a la realidad.

# ¿QUÉ ES LA ESCUELA BÍBLICA?

El concepto de escuela bíblica se refiere al proyecto de formación espiritual que tiene una iglesia. Este proyecto, tradicionalmente se lleva a cabo los domingos, dividido por grupos de edad. Este proyecto existe desde el siglo XVIII en las Iglesias para proveer un espacio especializado para la niñez, adolescentes, jóvenes y adultos. Hoy día, la escuela bíblica ha transicionado fuera del domingo, creando ofertas de estudio bíblico y temas de interés.

Los materiales de escuela bíblica usualmente se dividen entre expositivos e inductivos. Los materiales expositivos son temas bíblicos que buscan explicar el contexto, la historia y la realidad dentro del texto bíblico. En el caso del material inductivo, se enfoca en extraer el significado, buscar la aplicación y su relevancia para la vida del creyente hoy. Estos materiales son importantes pues fomentan espacios de diálogo, preguntas, discusión y afirmación de fe.

El espacio de formación bíblica provee una ocasión para socializar con los diversos grupos que se reúnen. Los focos de socialización son los temas bíblicos y su implicación espiritual para la vida diaria. Estos son los espacios donde la niñez y la juventud presentan sus preguntas. Es donde los adultos expresan preocupaciones sobre las formalidades de la vida, y donde se pueden recibir a los nuevos creyentes en su proceso de inclusión en la iglesia.

Al considerar los objetivos de formación y socialización de la escuela bíblica, es medular que este proyecto pueda incluir tecnología para facilitar el proceso de aprendizaje. A su vez, debe contemplar nuevas metodologías de enseñanza como preguntas y respuestas, trabajo en grupo, la inclusión del arte en el proceso de enseñanza y fomentar las relaciones estrechas entre quienes enseñan y quienes aprenden.

# ¿CÓMO SE DESARROLLÓ LA EXPERIENCIA EDUCATIVA EN LA IGLESIA?

La experiencia educativa en la Iglesia se ha desarrollado históricamente por medio de una evolución de enfoque, concepto, diseño y proyecto. Este desarrollo transforma la manera en la que se hace ministerio, Iglesia, sociedad y hasta los esfuerzos evangelísticos. La importancia de repasar el desarrollo conceptual e histórico de la educación cristiana servirá para hoy pensar qué será de esta experiencia en los próximos cinco a diez años.

## CULTURA RELIGIOSA

La experiencia educativa desde el contexto de la historia bíblica deja saber, específicamente en libros como Deuteronomio, que la educación religiosa comienza en el pueblo como algo cultural. Dentro de la experiencia de los valores, costumbres, características y estilos de vida, la adoración a Dios era parte integral de esa cultura. Esto tenía unas implicaciones interesantes, puesto que interpretaban el mover de Dios y la misión a la cual les llamaba desde lo cotidiano, político y social. Este tipo de experiencia educativa hacía que la crianza de las nuevas generaciones fuera sumamente religiosa y no hubiese distinción entre un encuentro con lo divino, pues ya era parte de su cultura.

## EDUCACIÓN RELIGIOSA

La educación religiosa vino a ser una expansión limitada de la educación cristiana, pues se enfocaba en formar en filosofía, artes, política y ética, pero a hombres de clase alta. Esto creaba una fricción entre clases, género y sociedad. Esta educación religiosa tenía la mentalidad de cumplir una actividad evangelizadora universal. Utilizaban el concepto de "verdad absoluta" era utilizado como inspiración de este movimiento educativo. Durante este tiempo, el ejercicio educativo se enfocaba entres aspectos principales; doctrina, moral y liturgia.

## EDUCACIÓN MINISTERIAL

Ante el desarrollo de la Iglesia y su audiencia, la expansión de la educación cristiana era parte del proceso. En esto surgen los comienzos de profesionalizar el llamamiento al ministerio, por tanto, estos hombres tenían que instruirse para cumplir con el llamado de Dios. Desde este momento, la educación cristiana toma un giro de adiestramiento por competencias. Éstas garantizaban tu credibilidad incluso antes del ministerio y hasta el bautismo. Fue durante este tiempo que también surgió la importancia de tener maestros que enseñaran profesionalmente a estos candidatos al ministerio. Esto se hizo desde las universidades que se fundaron tanto para la capacitación ministerial, como teológica y filosófica que se exigían para los jóvenes de la época. Es en este tiempo de grandes academias y universidades donde se produce gran parte de la teología clásica, argumentos existenciales y se comienza a reflexionar sobre las implicaciones educativas en el ministerio.

## FORMACIÓN ESPIRITUAL

Luego de mucho tiempo, la experiencia educativa se fue transformando, por medio de la exigencia de justicia por parte de los laicos de la iglesia. Entendían que la educación cristiana debería ser accesible a todos por igual. Ante este reclamo llegó un tiempo de reforma donde se facilitó la formación educativa para las personas, en su propio lenguaje, contexto y para el desarrollo de un nuevo liderato. Es durante esta fase donde el rol de la mujer entró en escena. Se logró una apertura radical en la que estas comenzaron a educar a la niñez, participando activamente de la experiencia de iglesia y ministerio.

## EDUCACIÓN CRISTIANA

Luego de tanto desarrollo ministerial, teológico y pastoral, la experiencia educativa comienza a enfocarse en ser educación cristiana. La implicación del término "cristiana", además de afirmar la centralidad de Cristo, también apunta a una experiencia educativa que incluya a todos los creyentes. Esto fue de mucha importancia porque inspiró al surgimiento de vocaciones ministeriales. Se desarrolló la educación teológica formal y accesible. También se crearon proyectos de formación bíblica que luego se convirtieron en espacios de formación cristiana para la vida cotidiana. También se emplearon esfuerzos para alcanzar las nuevas generaciones y atender sus necesidades más apremiantes.

## PROYECTOS EDUCATIVOS

Las fases educativas siguieron su desarrollo implicando un avivamiento de proyectos e iniciativas que manifestaban una creatividad particular para nuevos espacios de aprendizaje. Es aquí donde comenzaron las escuelas bíblicas, que inicialmente se hacían para atraer a la comunidad a la Iglesia y formarles en la fe. Otro proyecto que dura hasta el día de hoy son los campamentos de verano y retiros. En ese espacio se determinaba un tiempo particular de diversión y búsqueda espiritual para confraternizar y desarrollar líderes para la Iglesia y la comunidad. En la educación teológica también surgieron unas transformaciones. Comenzaron a implantar los institutos bíblicos, como espacios de mayor acceso a la formación ministerial y laical, para el beneficio de la Iglesia. Otra fase dentro de este tiempo fue el desarrollo de programas innovadores en los seminarios teológicos. Además, se implantó de la maestría en divinidad, las maestrías en artes; los doctorados en filosofía, y doctorados en ministerio, entre otros. En esta fase también se recalcaba el rol evangelístico. Los grupos pequeños o células se desarrollaban para lograr una interacción más informal con la Biblia, pero con un desarrollo social de la Iglesia de mayor alcance.

## EDUCACIÓN DEPARTAMENTALIZADA

Debido a los avances en el desarrollo de ministerios y cambios de cultura en la Iglesia, la educación cristiana también fue creando espacios exclusivos y personalizados para los grupos. Con la intención de socializar con su grupo de edad o etapa de vida, se crean los departamentos en el proceso educativo. Ya sea por edad, interés, sector u otras consideraciones, el proyecto educativo levantó una estructura diseñada para cada población. El propósito era innovar, empoderar y facilitar el proceso de enseñanza. Durante esta fase se desarrollaron muchas teorías educativas, sociológicas y psicológicas que apoyaron todo el proceso de departamentalizar el proyecto educativo y proveer su espacio a cada cual.

## MINISTERIO INTERGENERACIONAL

La fase actual del ministerio de la educación cristiana ha sido altamente influenciada por la tecnología, pero también por grandes momentos históricos. Por ejemplo, las luchas sociales, raciales, las conversaciones sobre la identidad, el poscolonialismo, la globalización. Todo esto enmarcado por la pandemia del Covid-19. Luego de tanto tiempo, organizados por departamento, cada cual, en su término y área de trabajo, surge la profunda necesidad de integrarnos como Iglesia y ser educados como cuerpo. Nos enfrentamos a la existencia de generaciones coexistiendo a la vez en la Iglesia. Surgieron nuevas teorías educativas de conectivismo, las teorías de liderazgo de la colaboración. La tendencia eclesial del declive de la Iglesia provocó un nuevo enfoque educativo que aceleró la llegada de la educación intergeneracional. Las generaciones sirven de mentores en colaboración con otros. También atendemos aprendices que avanzan la obra de Dios en este tiempo.

# ¿CÓMO SE INICIA UNA CLASE?

Para definir la intención de planificación de una clase, es clave que se realice con creatividad y dinamismo. Este proceso de planificación debe proyectar el aprendizaje a corto, mediano y largo plazo. Principalmente la planificación de una clase tiene que ver con cumplir objetivos, explicar material y proveer una experiencia memorable en la vida del estudiante. Una de las formas en la que esto tiene sentido, es en la manera en que comenzamos la clase. El inicio de una clase puede ser de corta o larga duración. Pero en esencia debe buscar impactar al estudiantado con el objetivo principal y su aplicación.

Uno de los elementos más importantes dentro del inicio de una clase es el proceso de socializar. La socialización, como proceso de interactuar entre pares, es una de las maneras en las que el inicio de la clase adquiere valor. Involucrar a la audiencia es importante para que se conozcan y construyan relaciones. El ejercicio de socializar les conectará para crear relaciones profundas entre sí y la temática. Dentro del proceso de socialización, está la presentación de la visión y objetivo. En ocasiones, por cuestión de tiempo o preparación, se comienza con los ejercicios o la explicación de la lección. Esto es un paso errado, pues la audiencia espera entender cuál será el transcurso y el propósito de lo que se hablará. En la educación cristiana, la visión espiritual y bíblica de cada lección y su objetivo para nuestro desarrollo como creyentes es vital para poder asociar lo que aprendemos. Por tanto, la presentación de la visión y objetivos conecta con las personas y la clase.

Otros elementos necesarios al inicio de una clase son las preguntas abiertas. Una introducción debe tener una mayordomía del tiempo excelente. El escenario primario debe ser; dar la bienvenida, exponer la visión y presentar los objetivos. El uso de las preguntas abiertas en un inicio de clase sirve para traer situaciones del diario vivir y progresivamente ir conectando con el tema a discutir. ¿Para qué debemos hacer preguntas abiertas y no cerradas? Como educadores de la Palabra, queremos fomentar en nuestros estudiantes la mayor participación y conexión posible.

Por tanto, las preguntas cerradas que usualmente encuentran respuestas de "si" y "no", no son del todo efectivas para desarrollar la creatividad en el aprendizaje. Las preguntas abiertas dan espacio para relacionarse, conocerse, profundizar en el tema y traer dudas que eventualmente se contestarán.

Otro aspecto relevante sobre el inicio de una clase es el proceso de generar información colectiva entre el grupo de personas. El ejercicio de valorar la diferencia para llegar a un común acuerdo es crucial para el proceso educativo. "¿Qué implica seguir a Jesús?" "¿Cuáles son las disciplinas espirituales más importantes?" "¿Cómo evangelizar hoy día?" Son algunas preguntas que pueden generar varias opiniones. Pero de estas también se puede conciliar una definición. ¿Por qué esto es importante? Porque ese ejercicio comunitario va desarrollando el pensamiento crítico, teológico y social dentro de la dinámica de la educación cristiana. Esto es de suma importancia, porque así la gente afirmar su confesión y expresando caminos para cumplir la misión de Dios.

El concepto de la motivación es crucial al inicio de una clase. Algunos ejemplos son: comenzar con algún elemento artístico, contando una experiencia profunda, compartiendo alguna taza de café. También podemos realizar una dinámica integradora. Todas esas ideas pueden motivar para la atención el resto de la clase. Usualmente no somos partidarios de "motivar" porque "esto no es para entretener". Pero póngase a pensar, ¿cuál ha sido la clase que más recuerda?

# ¿CÓMO SE DESARROLLA UNA CLASE?

Este segundo paso dentro de la planificación de una clase es crucial para crear experiencias memorables al momento de interactuar con la formación cristiana. El desarrollo de una clase es el proceso de adquirir herramientas, habilidades y experiencias, evaluando su relevancia para el interior y el ejercicio de la misión de Dios. El concepto del desarrollo está íntimamente relacionado con el crecimiento humano. Cada persona transita etapas en donde su identidad es forjada. Esta identidad permite asimilar el aprendizaje, con la experiencia de fe y la respuesta al llamado de Dios.

El desarrollo de una clase busca informar sobre aspectos relevantes de elementos históricos, sociales, espirituales y teológicos. Esta información provee espacio para la memorización y la comparación. De ahí que se pueden contemplar varios significados sobre lo que se está aprendiendo. A su vez, en el desarrollo se confronta la información que tenemos con la información que se está aprendiendo. Algunos ejemplos de esta comparación son la importancia de las riquezas espirituales versus las riquezas materiales, el rol de los cristianos frente a los procesos sociales, la diversidad de elementos que se encuentran en la teología y la historia, etc. Es aquí donde el desarrollo dentro de una clase también facilita el espacio para el debate. Múltiples perspectivas buscan el sentido y significado, en este caso para mantener y desarrollar la fe.

¿Qué fortalece el proceso del desarrollo en una clase? Busca conciliar nuestras creencias y habilidades para el ejercicio de la fe. Cuando desarrollamos una clase, debemos tener en mente cuatro elementos clave. Primero, comprender que el desarrollo de una clase debe tener elementos sociohistóricos que den contexto; segundo, elementos teológicos que propongan diversidad de pensamiento; tercero, elementos espirituales para el desarrollo devocional; y cuarto, el elemento social para juntos construir significado juntos es lo que crea una nueva forma de atender la fe y compartir la misión de Dios. Algunas consideraciones para el desarrollo son las habilidades y destrezas como la exégesis (explicación de un texto bíblico) y la hermenéutica (aplicación de un texto bíblico) para crear un desarrollo holístico de la experiencia educativa. Explicar y aplicar son formas de conocimiento importantes para valorar la experiencia educativa y poder producir conocimiento cristiano que fomente el desarrollo congregacional y misional. El desarrollo de una clase busca integrar elementos prácticos como el servicio, la adoración, la mayordomía, la formación espiritual e integración generacional. Así se podrá expandir el conocimiento para nuevas formas de aprendizaje.

Para que el desarrollo de una clase tenga utilidad, se deben considerar varias estrategias. Primero, desarrollar creatividad. Usualmente entendemos que la creatividad es para un grupo selecto de personas o como una misión imposible. Sin embargo, el proceso de la creatividad involucra la sencilla experiencia de mejorar una idea o una experiencia para su memorabilidad. Por tanto, para que el desarrollo de la clase sea efectivo, se deben utilizar estrategias creativas como complementos de la experiencia de la clase. Por ejemplo: grupos pequeños, arte, elementos audiovisuales y tecnología como complementos de la experiencia de la clase. En segundo lugar, desarrollar un sentido de profundidad académica. Todo elemento de la educación cristiana debe fomentar una conexión con el pensamiento de las personas en el proceso de aprendizaje. De tal manera se valora la obra de Dios, su implicación a la vida del ser humano y su expansión para el mundo. Para crear un ambiente académico y profundo dentro de la experiencia educativa, recomendamos los siguientes recursos educativos: utilización de comentarios bíblicos, referencias académicas, como también utilizar diversas formas de enseñanza como el micro-aprendizaje (conferencias cortas), traer recursos expertos en el tema, proveer asignaciones prácticas para fomentar la argumentación entre los pares, y fomentar la diversidad de puntos de vista, entre otros. En tercer lugar, desarrollar una reflexión personal es importante al momento de proveer material profundo y transformador, para poder transitar de la teoría a la práctica. Es importante que, para provocar una reacción, el aprendizaje contenga retos semanales, fomentar experiencias testimoniales de cómo se vive el mensaje del Evangelio o qué preguntas existen. A su vez, esto reta la experiencia educativa a proveer espacios de compartir. Que la pasión y la celebración sean partes integrales de la educación cristiana, creando así la experiencia de desarrollo como una alternativa a las dificultades. En cuarto lugar, desarrollar una aplicación comunitaria es vital en los tiempos que vivimos. Como Iglesias estamos consistentemente buscando formas de cómo atraer a las personas a Jesús. Pero mucha de nuestra formación espiritual no contempla la integración comunitaria. Por tanto, la conexión con proyectos cuyos valores sociales vayan de acuerdo con la Biblia y el mensaje del Reino de Dios, son importantes para añadir relevancia y comunión al aprendizaje. La parte social del desarrollo crea oportunidades de gratitud, servicio y justicia para comunidades marginadas.

En fin, el desarrollo de una clase se basa en la exploración y aplicación del tema, mediante estrategias que fomenten el proceso de aprendizaje a la práctica. Piense, ¿cómo puedo ayudar a desarrollar la fe de esta persona?

# ¿CÓMO SE CONCLUYE LA CLASE?

Una fase importante de cualquier clase es el impacto que se crea en el estudiantado. En la introducción y el desarrollo, dentro de cada ejemplo y explicación, provocar un aprendizaje transformador es el centro. Cuando hablamos del cierre de una clase, nos referimos al proceso de provocar una síntesis de lo aprendido aplicable y una experiencia memorable. La conclusión de una clase es intencional. Está basada en el tema que se discutió. El ejercicio de recapitular brinda múltiples formas para evaluar y repasar el tema en discusión. Esto es importante porque proporcionará nuevos temas e inquietudes, para continuar el proceso del aprendizaje.

La conclusión de una clase, desde la óptica de la educación cristiana, no es el final de una materia fija. Concluir una lección de contenido bíblico, teológico y espiritual requiere una continuidad que expanda la experiencia de conocer y hacer. Sintetizar es el arte de resumir información y dentro de la experiencia educativa cristiana, es proveer una aplicación práctica a nuestro diario vivir. Si se puede formular una conclusión lo suficientemente resumida, la audiencia podrá recordar, enumerar y aplicar con facilidad lo aprendido.

Otro de los elementos para concluir una clase es la conexión que se hagan sobre los temas discutidos. Expandir, aplicar, solucionar y transformar son algunas de las acciones que las conexiones entre temas pueden provocar a través de una conclusión. Crear conexiones entre temas es crucial para el análisis bíblico, el desarrollo teológico y espiritual. Este elemento creativo para concluir una clase desarrollará hará que la audiencia se sienta motivada para continuar asistiendo y sobre todas las cosas, creciendo espiritualmente.

Una forma comunitaria de involucrar al estudiantado en el proceso de la conclusión de una clase es relacionar la aplicación del tema a sus vidas, ministerios o profesiones. Por medio del diálogo, el tema no se queda en un impacto filosófico, sino que trasciende a la motivación práctica y ministerial. Es precisamente el involucrar a la audiencia en la conclusión lo que usualmente se malinterpreta dentro de una conclusión. Dictar una asignación, asignar trabajos en grupo, pasar lista y fomentar preguntas sobre la lección no son maneras adecuadas de concluir una clase. Estos elementos administrativos deben atenderse en horario especial, luego del encuentro formativo o por algún medio tecnológico de ser el caso. En fin, la conclusión efectiva es aquella que estimula los sentimientos y emociones a través de la experiencia de entender el Evangelio de Jesús. Piense, ¿qué puedo hacer para que mis estudiantes continúen pensando en esta lección?

# ¿CUÁLES SON LOS CRITERIOS PARA EVALUAR UNA CLASE?

La experiencia de liderar una clase combina diversas estrategias y técnicas para hacer el proceso más llevadero. Por tal razón es importante que, en la vida de la iglesia y el desarrollo del ministerio educativo, se pueda crear una cultura evaluativa del proceso educativo. Este proceso de evaluación no debe buscar ser punitivo con ningún maestro o maestra, sino que debe ser un espacio de celebración de fortalezas e identificación de áreas de oportunidad. En la evaluación educativa se utilizan varias formas para desarrollar la experiencia educativa. Esta se puede ver por medio de la mentoría entre pares, la observación de otras clases, la capacitación para renovar el conocimiento y el diálogo entre el equipo educativo para discutir el contenido.

Para evaluar una clase y su equipo de facilitadores primero se debe establecer una visión como ministerio de educación cristiana. Es de vital importancia que cada clase o división de grupo, tenga una intención o propósito para el cual fue creado. Este proceso de intención es útil para determinar si los objetivos derivados de la visión se están cumpliendo o no.

**Un primer criterio para considerar en la evaluación de una clase es el espacio donde se da el aprendizaje.** Los espacios son importantes para el proceso de aprendizaje puesto que ejercen influencia en la dinámica social de cada clase, en el entendimiento del contenido, interacción con sus pares y la creación de una experiencia memorable.

**Un segundo criterio para considerar en la evaluación de una clase es el acceso de información.** Poder evaluar la fluidez con la que se comparte y recibe información en un salón de clases es un criterio muy profundo. Una dinámica positiva de la clase puede ser la evaluación del lenguaje que la maestra o maestro utiliza para hablarle a la niñea. Para comprobar si ellos entienden, pueden preguntar y recibir respuestas. Por otra parte, una clase de adultos puede ser estéril si el maestro habla al frente sin promover la discusión y participación.

**Un tercer criterio para considerar en la evaluación de una clase es la estructura del curso o clase.** El diseño de una clase debe verse en la transición del contenido, aunque no esté escrito en la pizarra, no se reparta a los estudiantes o no se introduzca en cada parte. Al momento de evaluar la clase, es crucial analizar cómo se hace una introducción, como se interactúa con el texto bíblico, la cotidianidad y la aplicación. Por otra parte, es importante observar cómo la estructura de la clase impulsa la comunicación clara de quien la facilita y la participación del estudiantado.

**Un cuarto criterio para considerar en la evaluación de una clase son las estrategias creativas que se utilicen.** El diálogo es muy importante en una clase, pero la educación se vuelve limitada, si se utiliza sin contextualizar con el uso de tecnología, imágenes, dinámicas y otras formas para captar la atención, la educación se vuelve limitada.

**Un quinto y último criterio para considerar en la evaluación de una clase son las técnicas de enseñanza.** Estas técnicas no son exclusivamente teóricas, sino que buscan hacer del espacio educativo uno eficiente y relajado. Para lograr el éxito en una clase, los elementos del lenguaje corporal son esenciales, así como el tono de voz, conexión visual y control de grupo. A su vez la consideración del manejo del tiempo, la comunicación del contenido, la integración de los estudiantes, sus preguntas y retroalimentación, promueven el desarrollo positive de la evaluación de una clase.

La educación cristiana no se evalúa para dar regaños o provocar discusiones. El proyecto educativo se evalúa para conciliar la visión con el contenido bíblico, teológico y práctico. La experiencia educativa está abierta a la evaluación constante. Así se podrá determinar cuánto se ha aportado a las diversas generaciones, al desarrollo de líderes y a las experiencias transformadoras de la misión eclesial.

# ¿QUÉ ES UN CURRÍCULO?

El currículo es la planificación de la serie de experiencias educativas, que los estudiantes tendrán entre enseñanza y aprendizaje. La planificación curricular contiene una variedad de actividades, ejercicios y materiales que buscan contestar cuándo, cómo y dónde se llevará a cabo la experiencia educativa. En el caso de un currículo cristiano, lo definimos como el diseño de la experiencia de la espiritual y el discipulado-formativo. El propósito es desarrollar el carácter de Jesús en todas las generaciones. El currículo cristiano debe contestar tres cosas. Primero, cómo mostrar el amor a Dios y a las personas; segundo, cual entendimiento bíblico es apropiado para la edad y tercero para qué somos llamados.

Tradicionalmente, hay tres formas curriculares que detallan la experiencia educativa. En primer lugar, tenemos el currículo explícito, donde se describe toda la intensión formativa de principio a fin. Por ejemplo, "durante este semestre, en la clase de nuevos creyentes, daremos énfasis en el compromiso con Dios y la iglesia. Así lograremos incluirles en los distintos ministerios". En segundo lugar, está el currículo implícito, el cual se forma mediante el desarrollo cultural de la comunidad de aprendizaje hacia los valores. Un ejemplo de esto es que, mediante una actividad de servicio, las nuevas generaciones interactúen con las personas más adultas y puedan fortalecer el respeto. En tercer lugar, está el currículo nulo, es poco común porque es lo que no se enseña. Un ejemplo de esto es cuando nos mantenemos con una sola perspectiva sobre la inerrancia bíblica. Pero no consideramos las contradicciones en fechas, o donde enfatizamos una teología particular sin profundizar en las demás, o cuando la iglesia se enfoca en un solo ministerio.

Para fomentar eficiencia del currículo se necesitan varios elementos, tanto para crearlo como evaluarlo. Haremos énfasis en esta sección porque usted tanto puede comprar un currículo o diseñarlo. La utilidad es un elemento importante para considerar un currículo. Definir la utilidad dentro del proceso curricular es necesario. Así sabemos a qué grupo de edad o interés se refiere, cuánto tiempo dura, lo apropiado del material para la población y su efectividad para quien enseña. La utilidad de un currículo se mide por la claridad de objetivos, preguntas claves, presentación del tema bíblico, recursos a utilizar y resultado esperado.

Otro elemento importante para considerar en el currículo es la pertinencia. Este currículo; ¿llena la necesidad de las edades o interés? ¿Va de acuerdo con la teología general de la iglesia sobre este tema? ¿Me ayuda para darle seguimiento a las dudas y preguntas hechas en clase? ¿Reta a la audiencia? Claro, muchas de estas preguntas que nos hacemos constantemente al reflexionar sobre el significado o propósito de un currículo tienen que ver con la población particular y el estilo de enseñanza.

Por otro lado, un elemento crucial para la evaluación o diseño curricular es la relevancia educativa. La relevancia educativa se puede definir luego de un estudio de necesidades, el diálogo con el estudiantado y determinando la visión y misión de la iglesia, se puede definir la relevancia educativa. Esto es importante porque para que un material fomente experiencias transformativas, debe haber pertinencia entre el tema y la realidad social, entre el interés y la madurez.

Finalmente, el proceso de la implantación es vital para el éxito del desarrollo curricular. Esta etapa es drenante, pero a la misma vez es toda una aventura. Porque es donde se determina la visión educativa del proyecto, se identifican los recursos humanos, se establece una agenda de capacitación sobre el material, se proveen recursos externos y se ambienta el contexto para el desarrollo de la experiencia transformativa del aprendizaje de la fe cristiana.

# ¿CUÁLES SON LAS TEORÍAS EDUCATIVAS MÁS IMPORTANTES?

Todo ejercicio educativo tiene la responsabilidad de fundamentarse por medio de la utilización de teorías. Las teorías en la educación son importantes para poder articular los objetivos, el significado y la experiencia en el estudiantado. Dentro del ambiente de aprendizaje cristiano, toda teoría debe ir acompañada por un elemento espiritual y bíblico. Esto es, para que sustente la experiencia del discipulado y la integración ministerial. Es sumamente importante que las teorías se utilicen con el fin de provocar el aprendizaje, el pensamiento crítico y la integración de ideas. La importancia de las teorías no se limita a para plasmarlas en un plan educativo sin su utilización y su ejercicio. El propósito de proponer un enlace teórico en el ejercicio de la enseñanza cristiana es para proveer espacios de crecimiento, conexión e identidad.

Antes de compartir algunas de las teorías, deseo presentar dos filosofías educativas sobre poblaciones generacionales. La primera es la pedagogía, esta filosofía educativa se basa en la educación a la niñez; en la resolución abstracta, emocional e informal de sus procesos de crecimiento y la instrucción. Tiene como objetivos darle herramientas a la niñez para resolver los problemas de acuerdo con su edad. Por otro lado, tenemos la andragogía, la educación basada en la adultez. Busca proveer soluciones a problemas concretos en el ambiente social y manejar el autoconcepto. Se ejerce por la motivación del aprendizaje.

Clarificadas las diversas filosofías educativas generacionales, una de las teorías que se pueden utilizar para el desarrollo de la educación cristiana es el conductismo. Siguiendo a algunos de sus precursores Pavlov y Skinner, esta teoría se enfoca en provocar estímulo y respuesta que resulte en conductas particulares. Dentro del ambiente educativo, el conductismo tiene pertinencia en la niñez. Se busca formar una conducta que ejemplifique un comportamiento cristiano, al enseñarle sobre el amor hacia el prójimo, seguir los diez mandamientos y amar a Dios sobre todas las cosas. A su vez, uno de los elementos importantes de esta teoría es el condicionamiento para conseguir esta respuesta.

Por tanto, es crucial que el ambiente de aprendizaje esté de acuerdo a su edad, ejercicio y acción.

Otra teoría importante es el construccionismo, que responde a los trabajos de Vygostky, Piaget y Bruner. Esta teoría fomenta el aprendizaje como un proceso activo mediante la construcción de conocimiento a través de la experiencia de enseñanza. En este ejercicio teórico, quien enseña es visto como un facilitador y quien aprende es un agente de creación de conocimiento. Esta teoría es ideal para adolescentes, las personas jóvenes y los jóvenes adultos. Ellos pueden crear soluciones profundas, mediante discusiones y respuestas concretas. El constructivismo es una herramienta activa que reta el conocimiento previo. Formular nuevas experiencias de conocimiento, a través de elementos creativos y la colaboración. Una de las maneras que esto puede verse en el diálogo con la educación cristiana es presentando artículos de periódicos o artículos investigativos. Además, se fomenta la discusión de soluciones. Se presentan elementos exegéticos del texto bíblico y puntualizar sus diversas aplicaciones para hoy. Se podrán habilitar espacios de servicio comunitario. Este último ejercicio, responde a una subparte del constructivismo conocido como el constructivismo social, donde a través de conexiones funcionales y prácticos, se aprende a interactuar de forma significativa por el servicio.

Finalmente, otra teoría importante ante el desarrollo digital de estos tiempos es el conectivismo. Esta teoría, propuesta por Siemens y Downes, se enfoca en la interacción social a través de la tecnología para la construcción de conocimiento. El aprendizaje en línea presenta la oportunidad de expandir la oferta de formación, establecer otras dinámicas de socialización y fomentar espacios innovadores. Las modalidades de educación sincrónica (en vivo) y asincrónica (pregrabada) presentan otra forma dentro del conectivismo para diseñar nuevos escenarios de entrenamiento y educación. Este tipo de teoría sirve para reuniones de planificación, clases de adultos, institutos bíblicos y reuniones de grupos pequeños. Todas estas teorías buscan fortalecer la vida espiritual del individuo y el desarrollo educativo de la congregación.

# ¿QUÉ METODOLOGÍA PODEMOS UTILIZAR?

La metodología es el proceso de transformar el contenido teórico a la práctica del salón de clases y la aplicación para el estudiante. Este concepto está altamente condicionado por los tiempos, generaciones, intereses, lo social, psicológico, ideológico. En este caso, lo teológico. La metodología educativa es la vía en la que se construyen significados del proceso de enseñar y aprender. Por ejemplo, un debate bíblico ayuda a buscar entre los libros de la Biblia. Aprenderse una canción promueve memorizarse el contenido de la Biblia o alguna afirmación de fe. Resolver problemas ayudan a formar carácter, tomar decisiones, y llevar a la práctica la fe. De eso se trata la metodología, de transicionar de la enseñanza al aprendizaje y viceversa. Tradicionalmente, la metodología está basada en una clase de 50 minutos o una hora, se hacen preguntas y realizan asignaciones en el hogar. Esta funcionó por un tiempo. Pero las exigencias de aprendizaje actual han creado un nuevo camino para desarrollar otras metodologías. Entre estas, mencionamos, la evolución de las metas de aprendizaje, el reconocimiento de la diversidad de pensamiento, inteligencia y funcionalidad; la importancia de la personalidad y estilo del estudiando.

En primer lugar, una de las metodologías más utilizadas hoy día es **el salón invertido o "al revés"** (flipped classroom). Esta metodología propone que las y los estudiantes absorban el conocimiento en su propio tiempo. No hay asignaciones y el tiempo de la clase se enfoca en trabajar asuntos prácticos. Este tipo de metodología parece más a tono con las nuevas generaciones en la iglesia. La niñez y la juventud están constantemente expuestos a información a una alta velocidad. Por lo tanto, los salones de educación cristiana deben promover un manejo práctico de esa información desde la fe cristiana. Debemos crear actividades prácticas en las que se desarrollen sus sentidos y puedan conversar y crear conocimiento.

En segundo lugar, una metodología pertinente a estos tiempos es el **aprendizaje basado en juegos.** Esta hace uso de la tecnología educativa, redes sociales y aplicaciones para sustentar la experiencia de aprendizaje. Aquí la metodología enfatiza la creación de equipos, manejar la competencia e incentivar ante el cumplimiento de las expectativas del material, entre otras. En ocasiones hemos escuchado que en "la iglesia no venimos a entretenernos". Este pensamiento ha creado un espíritu de aburrimiento particular. Ante esta realidad de proveer una experiencia completa en la educación cristiana, intente esta metodología con todas las generaciones, tanto al nivel individual como una estrategia de integración.

Como hemos definido anteriormente, la educación cristiana debe perseguir la creación de una experiencia de aprendizaje sobre la fe que sea memorable. En tercer lugar, una de las metodologías que impulsa la acción e intensión, es el **aprendizaje basado en proyectos**. Esta metodología combina un enfoque para el estudiantado y los maestros en integración para la solución de problemas de la vida real. Surge por medio de la investigación, la colaboración y los materiales empleados. Esta metodología va desde crear un evento de adoración musical; implantar una clase cree una iniciativa de servicio comunitario o que la iglesia enfoque su apoyo a una escuela de la comunidad para fortalecer los valores cristianos.

En cuarto lugar, para integrar la diversidad en el salón está el **aprendizaje basado en competencias**. De las cosas más hermosas que la educación cristiana puede promover es que cada cual pueda aprender desde su área de especialización e interés. Esta metodología se puede utilizar con todas las edades, por grupos o con la intención de promover la integración generacional. La aplicación de esta metodología enfoca que lo primordial es presentar un problema o un objetivo de aprendizaje. Además, promover que las habilidades, talentos y dones de los estudiantes presenten alternativas de solución para cada uno de los problemas.

Con el paso del COVID-19 en todo el mundo, todo el proceso educativo se hizo disponible a través de educación en línea e híbrida. El entorno digital permite recrear espacios educativos para la integración social, propicia colaboración entre estudiantes y maestros, y promueve crear metas de aprendizaje diferentes. Finalmente, a raíz de la educación en línea, una metodología pertinente por su expansión en la era digital es el **microaprendizaje**. Esta propone dividir los componentes de la lección, el currículo, sus objetivos y práctica, en pequeñas unidades de aprendizaje. Esto es, con el objetivo buscar resultados más coherentes y posibles. Tradicionalmente, la educación funciona con el **macroaprendizaje**. Este tipo de aprendizaje es el que dura horas, es masivo en su contenido, necesita dirección y presenta ayuda proyectiva ante el conocimiento. En el caso del microaprendizaje, se basa en una ayuda instantánea para el estudiante en su proceso, a su vez, creando un material más corto y consecuente de parte de la maestra o maestro para la disponibilidad. Por ejemplo, para compartir el material de la clase de nuevos creyentes, que usualmente son de 6-8 clases: ¿qué tal si se crean 10-12 videos de no más de 7-10 minutos exponiendo la clase? Entonces, los estudiantes podrían ver y escuchar el contenido. Otro aspecto importante del microaprendizaje es reconfigurar la forma de evaluar los trabajos de los estudiantes. En vez de trabajos largos, las tareas se pueden dividir en más trabajos cortos. Se aumenta la cantidad, pero reduce su foco. Todas estas metodologías son instrumentos de bendición para educar y hacer entendible la experiencia de fe con Dios.

# ¿CUÁLES SON LOS FUNDAMENTOS BÍBLICOS DE LA EDUCACIÓN CRISTIANA?

La experiencia educativa debe tener siempre como fundamento las Sagradas Escrituras. Que siempre sea el centro de toda enseñanza. En la educación cristiana, la Biblia tiene un lugar vital para el ejercicio del contenido, la formación espiritual, el currículo y la transformación. La temática bíblica, es la que da a conocer la esencia de la misión cristiana, su función en la sociedad y su trascendencia en los corazones de las personas creyentes. El uso de la Biblia en la educación cristiana sirve para contextualizar el mensaje de cada lección. Conecta personajes bíblicos, experiencias e interpreta la situación social actual y afirma el sentido de la vida.

El primer fundamento bíblico de la educación cristiana lo encontramos en la **formación**. Es entendida como el proceso de estructurar información, experiencias y aprendizajes en la vida de las personas. En el sentido cristiano, busca acercar nuestro carácter al de Jesús. Este progreso en el carácter conlleva reconocer la presencia de Dios como uno, determinar la fuerza del amor como el mayor progreso y compartir este mensaje a todas las generaciones. Esto lo explica Deuteronomio 6:4-9, el texto conocido en la fe judía como el "Shema". Es el mandato para formar la experiencia y memoria del pueblo de Israel para continuar su fe. De la misma manera, esos elementos conducen a la vía para formar nuestro carácter y experiencia educativa.

Una de las experiencias de liderazgo educativo más profundas en la Biblia es la historia de Nehemías. Este joven siente en su corazón el deseo de ayudar al pueblo en Jerusalén. Quiere levantar a su país, integrando edades, géneros, opiniones, y emociones. Aspira a promover la esperanza necesaria en ellos, para reconstruir los muros destruidos (Neh. 2:11-20). El segundo fundamento bíblico de la educación cristiana es la **integración** como concepto. Busca unir diversas áreas del saber para fortalecer la experiencia educativa. De igual forma, en el proceso educativo y cristiano, busca integrar la fe cristiana con la realidad del ser humano, los talentos y los dones. Desea encaminar el Cuerpo de Cristo, integrando el llamado de Dios con la respuesta del ser humano para poder cumplir con la misión educativa.

El tercer fundamento bíblico de la educación cristiana unifica varios procesos de desarrollo en la **madurez**. Esta es un fundamento importante para la asimilación de toda la información que se recibe en el proceso educativo cristiano. Por medio de la madurez se puede obtener el discernimiento para construir nuevos entendidos. También se aspira llevar la información dada a la crítica cristiana. Busca aplicar esa información a nuestro sentido personal y poder desarrollarlo en una convicción de servicio. Proverbios 1:7 afirma que el principio de la sabiduría es el temor a Dios. Sin sabiduría no hay madurez y no hay madurez sin Dios. Por tanto, la experiencia educativa debe apuntar al desarrollo de la madurez provocando los espacios duraderos de reflexión necesarios para alcanzarla.

En cuarto lugar, un fundamento bíblico vital es la **Gran Comisión (Mt. 28:16-20)**. Por medio de los evangelios, Jesús insta a responder a este llamado profundo para discipular a todo ser humano. La Gran Comisión provee la solidez teológica, bíblica y personal para tener en mente el tiempo que se estará formando a alguien. La meta es ser como Jesús. Por tanto, esta meta toma toda la vida. La misión educativa debe fomentar, de manera segura y relevante, la creación de espacios generacionales para la misión, el discipulado y el servicio, de manera segura y relevante.

La inclusión es el quinto fundamento bíblico, dentro de la misión. En la fe cristiana no puede haber nadie excluido. Por eso la inclusión viene a concretizar un aspecto relacional en la formación de las personas. En Hechos 8:26-40, cuando Felipe es enviado por Dios ante un funcionario etíope. Esto rompió muchos esquemas de lo tradicionales. A su vez, vislumbra la inclusión radical del Evangelio para todas las personas. Se debe crear un ambiente inclusivo dentro de la enseñanza cristiana para personas que tengan alguna diversidad tanto física, mental, género y emocional. Esta inclusión no se hace desde preceptos exclusivamente sociales, pues la Biblia se afirma la necesidad de ayudar a las personas a entender lo que leen, tal como fue la experiencia del etíope.

Finalmente, la **transformación** es el fundamento bíblico que ayuda a brindar una una enseñanza cristiana puntual con esperanza. El vidente en el Apocalipsis puede ver cómo Dios transformaba todo. Nuestros esfuerzos educativos en la Iglesia deben invitar a las personas a ver cómo se restaura todo en sus vidas. De tal manera podrán disfrutar de un cielo nuevo y una tierra nueva (Ap. 21:1-2). Deben ponderar como todo esto apunta a una experiencia educativa innovadora que cambia panoramas, unifica a las personas, conduce a reflexionar sobre la tarea educativa y propone un nuevo sentido de carácter cristiano.

# ¿PARA QUÉ LA TEOLOGÍA ES IMPORTANTE PARA LA EDUCACIÓN CRISTIANA?

La teología es importante pues estudia los espacios y eventos relacionales de Dios para con la humanidad. Por tanto, la educación cristiana debe dar lugar específico para poder entender la relación de lo divino y humano. Por tal razón, la teología es importante para la educación cristiana porque puede crear un proyecto clave desde la esencia del estudio de Dios y su aplicación educativa es más relevante.

Primeramente, desde la óptica de la imagen de Dios, la educación cristiana forma al estudiantado para sostener una autoestima con perspectiva teológica. Conocerse como imagen de Dios permite superar ciertas circunstancias difíciles en el desarrollo humano y personal. Esto provee entonces el saber que Dios ha depositado de su ser en nosotros y ustedes para vernos como su creación amada y en progreso. Ser imagen de Dios propone un contenido educativo de conducirnos tal y como Dios lo haría, teniendo a Jesús como modelo; esto aplicándolo a diversos grupos de edad.

Progresivamente, en cuestión del elemento del pecado, debe entenderse desde un acercamiento de la gracia. Coincidir con ambas perspectivas teológicas sitúa la experiencia de aprendizaje como una constante oportunidad de crecimiento. La rebeldía de la humanidad no es impedimento para que la gracia de Dios se revele a la realidad humana. Sin embargo, es lo que también coloca a la humanidad como criaturas frente a Dios. La singularidad de superar el pecado por la gracia de Dios se presenta como la oportunidad de aprendizaje transformador para que la voluntad de Dios sea posible en cada generación.

Los preceptos cristológicos, pneumatológicos (del Espíritu Santo) y eclesiológicos (de la iglesia) son los adecuados para poder analizar, de forma educativa, el quehacer de Dios junto al progreso de cada persona. La persona de Jesús, la presencia del Espíritu y la misión de la Iglesia son estímulos educativos que promueven deconstruir y construir la obra de Dios en las instancias de enseñanza. Esto permite que la experiencia educativa cristiana tenga elementos confesionales, críticos y de análisis para encontrarle sentido a nuestra fe.

Finalmente, la guía escatológica presenta como alternativa inmediata el poder concebir la educación como una fuente de transformación. La escatología (la doctrina sobre los eventos de los últimos tiempos), depende de las experiencias teológicas y eclesiales. Se ve como algo muy distante. Sin embargo, Dios ha preparado el concepto del Reino como un espacio posible en el ahora para ir cambiando la sociedad hacia un rumbo responsable. Es la educación cristiana la que tiene la responsabilidad de guiar las conversaciones, la instrucción y la experiencia para fomentar un nuevo sentido de esperanza en la gente que sea posible.

# ¿CONOCES A QUIÉN EDUCAS?

Uno de los mayores retos que tiene la educación y la formación cristiana es la amplia representación de generaciones que coexisten en un mismo lugar. Hasta hace un tiempo, solo coincidían entre 3-4 generaciones, con varios años de diferencia y con cambios marcados en sus transiciones. Hoy los cambios generacionales son más rápidos y profundos en el impacto social y para la fe cristiana. Vivimos en un mundo que ya no responde necesariamente al ideal cristiano, ni a una denominación ni al discurso general de la sociedad. Vivimos en un proceso totalmente cambiante. Ante esta realidad, la misión continúa siendo la educación cristiana. Pero para que esta sea relevante, debemos conocer a quienes están en nuestros espacios formativos. Entonces, ¿conoces a quién educas?

## Generación Tradicional
- Nacieron del 1900-1945
- Vivieron momentos históricos como la Primera y Segunda Guerra Mundial y la Gran Depresión.
- Confían plenamente en los gobiernos, respetan la autoridad, se consideran patriotas y defensores de la ley y el orden.
- La familia nuclear le brinda su sentido de comunidad.
- La educación para esta generación era un sueño muchas veces imposibilitado por la necesidad de trabajar desde temprana edad.
- Su contacto con la religión es muy profundo
- Su estilo de liderazgo es jerárquico y directivo

## Baby Boomers
- Nacieron del 1946-1964
- Vivieron momentos históricos como los movimientos de la lucha por los Derechos Civiles, la Guerra de Vietnam, Revolución Sexual y el viaje al espacio.
- Sus valores se dirigen por la paz y la unidad. Por tanto, no están a favor de la guerra y tienen sospechas de las estructuras gubernamentales.
- Este grupo generacional se enfoca en hacer la diferencia pues tuvieron acceso a muchos recursos socioeconómicos, trabajo y estudios universitarios.

- La alta demanda laboral hizo que esta generación estuviera distante de sus familias, elevando el porcentaje de divorcios.
- Su concepto económico se basaba en el crédito y su filosofía de trabajo es el éxito.
- Su contacto con la religión es profundo y con diversidad de confesiones.
- Son más democráticos, creen en la igualdad de oportunidades y su estilo de liderazgo es colegiado.

## Generación X
- Nacieron del 1965-1980
- Los momentos históricos que vivieron fueron; el escándalo de Watergate, el incremento en familias divorciadas o reconstituidas, la crisis energética, el activismo social, y el Y2K, entre otros.
- Esta generación se considera la primera generación que construye su futuro en medio de la inestabilidad económica mundial.
- La inmensidad de oportunidades que tuvieron les hace una generación diversa, altamente educada, independiente. Es tecnológica y piensa globalmente.
- Esta generación considera la educación como un medio para el éxito y la superación. Entienden que el tiempo es el mayor valor que tienen como Sociedad.
- Su ética se basa en el balance, reconstruyendo las estructuras y criticando las figuras de autoridad.
- El contacto con la religión es variante y hay una mayor consciencia sobre otras religiones fuera del cristianismo.
- Su concepto de liderazgo se basa en la productividad, la adaptación al cambio, son competitivos y son emprendedores.

## Millennials o Generación Y
- Nacieron del 1981-1995
- Esta generación se formó en un mundo digital, en donde la internet ya es una realidad y todos los medios adquirieron variantes digitales e informática de alta velocidad.
- Han crecido viviendo momentos históricos como 9/11, el incremento de ataques terroristas, la guerra en Irak y un alto número de masacres en escuelas y lugares públicos.
- Típicamente esta generación ha crecido en familias

divorciadas, reconstituidas y con madres jefas de familia
- La expansión económica en el desarrollo de esta generación es un evento clave para la accesibilidad a recursos que tendrán tanto sociales, educativos y políticos
- La educación enfocada en la diversidad y en las inteligencias múltiples que esta generación recibió la hizo más sociable y la obligó a madurar a una muy temprana edad.
- La educación para esta generación es una necesidad y un medio. Empero, es demasiado costosa para algunas familias. La mayoría de los estudiantes dependen de préstamos para pagar sus estudios.
- Su forma de interactuar es globalizada, basada en conexiones y en el comienzo sutil de las redes sociales, ya que toda escuela y toda casa tenían, por lo menos, una computadora.
- Su contacto con la religión era bueno, con mayor representatividad de denominaciones, Iglesias independientes y mayor diversidad religiosa.
- Su estilo de liderazgo es participativo y comprometido con el cumplimiento

## Generación Z
- Nacieron del 1996-2012
- Se han criado en el ardor de diversas "guerras" de justicia social para la comunidad LGBTTQIA+, la lucha contra el racismo, la xenofobia, los feminicidios, y una alta polarización de ideologías políticas.
- Esta generación ha sido categorizada como nativos digitales, pues todo su sistema de vida está mediado por la tecnología.
- Su crianza la llevan acabo sus abuelos, ya que sus padres y madres trabajan en horarios complejos.
- Creen en la educación como el medio para cumplir los sueños que son objeto de su pasión. Por lo tanto, en esta generación no hay una estandarización de profesiones tradicionales sino una creatividad profesional que busca garantizar el sustento de sus vidas.
- Su confianza en las estructuras sociopolíticas es mínima.
- Esta generación tiene menos contacto con las religiones tradicionales, y de participar en ellas no buscan denominaciones históricas ni espacios con dogmas rígidos pues su entendimiento de espiritualidad no está ligado a una estructura física o una

figura de autoridad religiosa.
- Su estilo de liderazgo es inclusivo y sus valores principales son la equidad y la justicia.

**Generación Alpha**
- Nacerán del 2012- 2025
- Su concepto de sociedad es uno global, conectado, digital, móvil y gráfico. Son la generación que ha nacido con la tecnología e internet como una necesidad
- La experiencia educativa de esta generación está ligada al proceso tecnológico e integrativo, la educación híbrida, sincrónica (en vivo) y asincrónica (en tu tiempo)
- El evento histórico que marcó y trascendió esta generación fue la pandemia del COVID-19 de manera que transformó todo el presente y futuro. Sin embargo, no con las insensibilidades que la gente asume, sino que por haberse criado en sus hogares por el efecto directo de la pandemia son más hogareños. Vislumbran una transformación de futuras plazas de empleo, de la educación e incluso de la interacción social.
- El contacto con la religión es relativo, ya que un alto porcentaje de sus madres y padres quien no practican ninguna religión institucional, sino que fomentan la exploración espiritual personal.
- A su vez, una de las fuerzas sociales de esta generación es la inclusión de identidades de género, en donde los conceptos tradicionales de la familia han cambiado drásticamente.

Interesantemente ya científicos sociales se encuentran en el desarrollo de las teorías y características del próximo grupo generacional que comprenderá del 2026-2039, Generación BETA. Esta generación estará caracterizada por las nuevas conexiones digitales, la evolución del pensamiento y el aprendizaje, la tecnología como característica nativa y el activismo como crianza. Para que la educación cristiana sea contextual y relevante, tenemos que lidiar con este conocimiento social para desarrollar los proyectos curriculares, formativos y de discipulado. Esto nos permitirá integrar las particularidades generacionales y ser una iglesia consciente de los cambios.

**Recomendamos como estrategia de enseñanza por generación**

- Juegos, dinámicas y arte para la niñez.
- Arte, tecnología, memorización para adolescentes.
- Dinámicas, tecnología, podcast y discusión para jóvenes.
- Diálogos, preguntas y respuestas, podcast, crear material propio para universitarios.
- Salidas, temas de actualidad, planificación y liderazgo para adultos jóvenes.
- Lectura, discusión general, interacción y participación para adultos.
- Juegos, arte, tecnología y sesión grupal para tercera edad.
- Integración mediante juegos, dinámicas, preguntas y respuestas y crear su propio material para integración congregacional.

# ¿CUÁL ES EL ROL DE LA TECNOLOGÍA EN LA EDUCACIÓN CRISTIANA?

El desarrollo de la educación cristiana ha tenido varios matices que contemplan la integración de elementos como la teoría y las técnicas de enseñanza. Además, se ha nutrido con las teologías avanzadas, el conocimiento cultural y la innovación curricular. La integración de la tecnología es crucial, en una sociedad posmoderna, que opera en una era digital y post-Covid 19. La experiencia de la enseñanza tiene un significado importante para la comunidad, pues trae evolución en el conocimiento, las habilidades y las destrezas. Por medio de la tecnología se amplifica la música en el culto o liturgia. Se proyecta el material para alguna predicación o conferencia. También se trasmite el programa de la iglesia y se dan espacios de reuniones para planificar los programas. La meta de la integración tecnológica en la educación cristiana es la misma. La tecnología en la educación cristiana busca ser un enlace entre experiencia, la comunidad, el contenido y el liderazgo cristiano para todas las personas que sean impactadas por el proyecto educativo. La utilidad de la tecnología en la educación cristiana crea nuevos espacios y formas de hacer discípulos (Mt. 28:16-20) y ser cuerpo de Cristo (1Co. 12:12). Por tanto, resaltar las funciones y los roles de la tecnología en la educación cristiana, provee el espacio de entender que la educación siempre está en diálogo con nuevas formas de acercarse a la realidad.

La tecnología en la educación cristiana es utilizada como medio. Funcionar como medio implica expandir el espacio del contenido educativo. Las personas participantes puedan integrar el conocimiento con el aprendizaje mediante diversidad de espacios, horarios y actividades. El rol de la tecnología como medio es la accesibilidad la información a los estudiantes. La tecnología permite tener la lección en formato digital, proyectarla en un televisor, utilizar algún video para reforzar algún objetivo de la lección. También puede conectar a alguien que no pudo estar de manera presencial en una actividad.

La tecnología en la educación cristiana también es utilizada como recurso. El propósito de la tecnología, desde el punto de vista cristiano, es proveer una experiencia creativa y accesible del plan de Dios para la vida. ¡A ese nivel llega! Esta herramienta es lo que ayuda al proyecto educativo a capturar la atención de las personas mediante las redes sociales, las aplicaciones móviles y el diseño gráfico. Por otra parte, la tecnología también ayuda a los recursos a distribuir material bíblico y teológico para discusión en la clase. Sirve de apoyo en los estudios bíblicos, grupos pequeños y experiencias generacionales. La tecnología sirve como plataforma de entrenamiento para maestros. Las plataformas de sistema para el manejo del aprendizaje-- como Google Classroom, Canvas, Moodle, Teachable, entre otros-- sirven como espacio integrador de herramientas para proveer herramientas de trabajo a quienes sirven en la educación cristiana.

Finalmente, la tecnología en la educación cristiana también es utilizada como herramienta de instrucción. Es la herramienta perfecta para hacer disponible material educativo, currículos, actividades y formas novedosas de integrar a otras personas. La tecnología impacta todos los aspectos de la instrucción. La vemos desde cómo dar la clase hasta como evaluarla. Herramientas como los "blogs" escritos, los podcasts de audio y video, y las redes sociales son formas tecnológicas para complementar la experiencia formativa cristiana.

# ¿CÓMO SE INTEGRA LA CREATIVIDAD Y LA INNOVACIÓN EN LA EDUCACIÓN CRISTIANA?

El diseño de la experiencia educativa toma tiempo, calidad, concepto y un equipo de trabajo. La ejecución de ese diseño es catapultada por la visión, misión y objetivos que se centran para el trabajo con las personas. La vitalidad de ese diseño educativo, el proyecto social y la intención de formación espiritual debe ser inspirado por un proceso creativo e innovador. Estos dos conceptos suelen dar mucho estrés, porque pensamos que son sinónimos de crear cosas perfectas. ¡Todo lo contrario! Trabajar para que la educación cristiana sea creativa e innovadora, tiene que ver con hacerla funcional, relevante, y motivadora. El propósito es mejorarla. El énfasis en este último proceso de "mejorarla", implica cualquier grado de mejora, desde lo más sencillo hasta lo más complejo.

La creatividad es intención y la innovación es acción. Esta distinción es importante porque da luz al proceso de planificación del ministerio educativo en la iglesia. Usualmente, los ministerios delegan el trabajo de planificación a su líder. Sin embargo, debemos recordar que el proyecto educativo tiene un gran porcentaje de diálogo, de comunidad y de metas en común. Por lo tanto, es importante que la planificación sea una actividad grupal.

La creatividad educativa es la reflexión sobre el proceso de rediseñar el funcionamiento de algún proyecto para el desarrollo de la iglesia. Si la creatividad se enfoca en una persona y no toma en cuenta el contexto y el servicio, o sea la visión y la misión, se convierte en burocracia. En este proceso se va comprendiendo que la educación cristiana no es exclusiva de un salón de clases. La creatividad educativa debe conectar con espacios de la iglesia, tanto ministeriales como de liderazgo, en donde la necesidad de rediseño sea urgente. La creatividad busca forjar nuevas formas de reunión del equipo de líderes, modificar su duración y qué prioridades deben contener los proyectos. La creatividad también identifica áreas que se deben reconsiderar. Por ejemplo, ¿qué ministerio o estructura de trabajo ya no es relevante? Esta reflexión, aunque árida, es necesaria para el funcionamiento efectivo de la iglesia e integración de las personas.

Por otra parte, la innovación es el desarrollo radical de nuevas alternativas. Lo interesante de lo "radical" en la innovación es que cualquier grado de mejoría cuenta como innovación. Esto crea una nueva perspectiva sobre la innovación en la educación, donde usualmente se piensa que la tecnología y cambios curriculares son la única fuente de innovación. Algunos ejemplos son: cambiar la organización del salón, poner a otras personas a dar clase, crear proyectos educativos paralelos, y promover una extensión digital de la planificación educativa, son ejemplos de innovación.

Integrar la creatividad y la innovación en el ministerio de la educación cristiana promueve un sistema que consistentemente esté reflexionando en porqué y para qué existe. Explora cuál es son las necesidades de la iglesia y la comunidad, cómo se pueden cubrir, y cómo diseñar nuevas formas de cumplir la misión de Dios.

# ¿QUÉ PAPEL JUEGA LA EDUCACIÓN CRISTIANA EN LA MISIÓN DE LA IGLESIA?

La educación cristiana está en el centro de la misión de la Iglesia. Todo aquello que sea central se torna en el elemento conector entre el objetivo, la ejecución y el futuro. Pues así mismo sucede con el proyecto educativo de la Iglesia. Es el elemento central que conecta el liderazgo, la planificación y la misión de la Iglesia. Centraliza su trabajo en el ministerio a las familias, la formación de líderes y el servicio con la comunidad.

La centralidad de la educación cristiana provee la información para la predicación. También, el contenido para el culto (o liturgia), la misión para la administración y la diversidad para ministrar efectivamente a la feligresía. Provee las teorías para conocer las etapas de desarrollo humano de las personas, la capacitación para el desarrollo de líderes, la interpretación del proceso teológico, la práctica para el ejercicio pastoral y la formación para siempre vivir desde la humildad de la continuidad. Es importante visualizar el rol de la educación cristiana en la misión de la Iglesia desde cuatro dimensiones principales;
- **Diseñar la visión**
- **Desarrollar la misión**
- **Discipular al liderato**
- **Delegar proyectos**

Desde estas dimensiones, el centro se puede entender con mayor claridad y el objetivo puede ser alcanzado. Sin identificarlo, las ideas no tendrían raíz ni fundamento. Por tanto, es importante reflexionar sobre qué es central en la misión de la Iglesia. Además, evaluar si su propósito es verdaderamente educativo. La centralidad de la educación cristiana tiene la capacidad de transformar lo que somos y hacemos para que el centro de la misión sea Jesús. Que el centro sea su Evangelio y pueda así contribuir al avance del Reino de Dios en este tiempo.

# CONCLUSIÓN

El ejercicio educativo no es un proceso estático, sino que se distingue por estar en constante cambio. He presentado teorías, técnicas, recomendaciones y reflexiones en este corto libro para provocar la reflexión sobre lo que nos resta por hacer para alcanzar el desarrollo consistente del ministerio educativo. Queda plasmada la necesidad de continuar articulando la misión educativa como Iglesia. Esto es, para trazar caminos que incluyan nuevas propuestas que sustenten la educación cristiana. Debemos contestar qué más necesita transformase e identificar a donde el Espíritu de Dios quiere mover nuestro currículo para así cumplir su voluntad. En este espacio he querido brindar herramientas para facilitadores educativos en las iglesias y organizaciones cristianas. Mi deseo es que puedan recibir esta información para capacitar a sus estudiantes, modificar sus currículos y apuntar a una misión educativa transformativa.

La intención del ABC de la Educación Cristiana ha sido provocar a cada lector y lectora a entrar en un proceso de reflexión que le inspire a transformar el ministerio educativo que Dios ha puesto en sus manos. Por medio de cada pregunta y de cada respuesta, he pretendido ser lo suficientemente directo. A la misma vez, abierto para que cada líder, ministro y laico pueda tomar la iniciativa de explorar más sobre cada tema. Les exhorto a que compartan este libro en un taller, un estudio bíblico, en escuelas de líderes o programas de capacitación de maestros. Les recomiendo que diseñen sesiones cortas que combinen la exposición, las preguntas y las respuestas. Recuerde incluir recursos audiovisuales y tecnológicos. Ante todo, procure que su ministerio de educación cristiana desarrolle sus talentos para servir eficazmente. Queda mucho por hablar sobre la Educación Cristiana y su transformación en medio del Siglo XXI y la iglesia de hoy. Lo más que me interesa es que esta reflexión continúe en cada corazón, para bendecir a todo el pueblo de Dios.

**Bibliografía**

Cardoza, Freddy (Ed.) Christian Education: A Guide to the Foundations of Ministry. Grand
    Rapids: Baker Academic, 2019.

Cook-Everist, Norma. The Church as Learning Community. Nashville: Abingdon Press, 2002.

Csinos, David. A Gospel for All Ages: Teaching and Preaching with the Whole Church.
    Minneapolis: Fortress Press, 2022.

Freire, Paulo. Pedagogía del Oprimido. México: Siglo XXI Ediciones, 1970.

Hall, Darrell. Speaking Across Generations. Illinois: InterVarsity Press, 2022.

Jiménez, Pablo. Principios de la Educación Cristiana. Nashville: Abingdon Press, 2003.

Knight, George. Philosophy and Education: An Introduction in Christian Perspective. Berrien
    Springs: Andrews University Press, 2006.

Linhart, Terry. Teaching the Next Generations. Grand Rapids: Baker Academic, 2016.

Maddix, Mark y Riley Estep, James. Practicing Christian Education: An Introduction for
    Ministry. Grand Rapids: Baker Academic, 2017.

Marzano, Robert. The New Art and Science of Teaching. Bloomington: Solution Tree Press,
    2017.

Mullino Moore, Mary Elizabeth. Teaching As a Sacramental Act. Ohio: The Pilgrim Press, 2004.

Pagán, Samuel (Ed.) Educación Cristiana Transformadora. Florida: Unilit, 2022.

Pazmiño, Robert. Cuestiones Fundamentales de la Educación Cristiana. Eugene:Wipf and Stock
    Publishers, 1995.

Pazmiño, Robert y Octavio Esqueda. Christian Education: Retrospect's and Prospects. Oregon:
    Publicaciones Kerygma, 2022.

Tye, Karen. Basics of Christian Education. Missouri: Chalice Press, 2000.